PÂTES EN VEDETTE

Edition°1

ERIC HEIDSIECK

" Lors de mon service militaire, en 1958, un jeune appelé, assis à table à mes côtés, me lance :
— Quel est ton métier ?
— Pianiste.
— En quoi cela consiste ?
— A jouer l'œuvre d'un auteur, en respectant sa pensée, sans pour autant renier ma personnalité.
— Ah ! C'est comme moi, s'écrie-t-il, ravi. Il n'y a qu'une recette mais il y a tant d'accommodements !
Il était pâtissier. Et comme il avait raison ! Toute forme d'art obéit, en effet, aux mêmes lois et ce n'est pas forcément étrange pour un musicien de préfacer un livre de recettes. La cuisine et l'interprétation comportent même d'étonnantes similitudes. Le « rubato » musical n'est-il pas une délicieuse épice qu'il faut manier avec précaution ?
Le chef « lie » la sauce. C'est notre « legato ». Nous saupoudrons l'aigu de notre clavier d'un « staccato », comme on parsème une préparation de Tagliatelle d'une pluie de parmesan...
Enfin, on « nourrit » le son.
Tandis que les nombreux « bis » seront, pour le plus grand régal des auditeurs, autant de petits fours...
Ciel ! quel mot s'est échappé de ma plume ?
Cuisiner, tant qu'on veut. Mais un « four » ? Ah ça, jamais ! "

Eric Heidsieck

RIVOIRE & CARRET QUAND LES PÂTES FONT DES GAMMES...

LES SAVOUREUSES

Pâtes de toujours, elles donnent un air gourmand aux repas quotidiens. Savourez-les au beurre, ou goûtez le plaisir de diversifier leur préparation.

Profitez du printemps pour utiliser les légumes de saison et les herbes fraîches, de l'été pour servir les pâtes en entrées froides ou tièdes, de l'automne pour les marier à des mélanges d'épices et de fromages, et de l'hiver pour alterner gratins et plats en sauce.

Les SAVOUREUSES de Rivoire & Carret, tout le monde les aime en toutes saisons.

LES MALICIEUSES

Les MALICIEUSES de Rivoire & Carret font de vos repas un festival de goût et de couleur. Leurs formes vous inspirent pour inventer de nouvelles recettes.

En plat principal ou en salades composées, elles apportent à l'œil juste ce qu'il faut pour aiguiser l'appétit.

Avec les MALICIEUSES de Rivoire & Carret, les pâtes rivalisent avec les mets les plus fins.

LES POTAGÈRES

Rajoutez un peu de gaieté dans vos potages et variez tous les jours avec les POTAGÈRES de Rivoire & Carret. Dégustez ces pâtes à potage en famille, servez-les en entrée chaude à vos amis, ou encore au retour d'une promenade par temps froid. Toujours prêtes, toujours là, elles font de la soupe un rendez-vous gourmand et chaleureux.

WALT DISNEY

Pour la plus grande joie des enfants mais aussi des plus grands, les pâtes WALT DISNEY mettent le monde du merveilleux au service de la gourmandise.

Mickey, Donald... c'est tout un univers de personnages, d'histoires et d'aventures pour faire rêver en se régalant. Chaudes ou froides, les pâtes WALT DISNEY de Rivoire & Carret sont à l'aise partout. Elles décorent même les hors-d'œuvre, les salades, les soupes. Elles sont la note d'originalité qui donne au repas un décor magique pour un minimum de préparation.

DANIEL GUICHARD

*" **S**i des copains débarquent à l'improviste, ces deux recettes rapides feront l'affaire.
Je vous garantis que vous allez vous régaler avec la paella aux Frisoli.
Quant aux Spaghetti « bonne franquette », tout à fait de circonstance, ils seront encore meilleurs saupoudrés de basilic frais ou d'herbes de Provence. "*

PAELLA AUX FRISOLI

INGRÉDIENTS

Pour 6 personnes. Préparation et cuisson : 15 mn
500 g de Frisoli
250 g de chorizo
200 g de moules au naturel égouttées
2 cuillères à soupe de crème fraîche
1 pincée de safran (facultatif)

RECETTE

Faites cuire les Frisoli pendant 10 mn dans l'eau bouillante salée.

Pendant ce temps, pelez le chorizo et coupez-le en rondelles d'1/2 cm. Faites revenir les rondelles pendant 2 mn sur chaque face, à feu doux, dans une poêle. Ajoutez la crème fraîche, les moules et le safran, mélangez bien, et éteignez le feu.

Lorsque les pâtes sont cuites, égouttez-les et versez-les dans un plat chaud. Versez dessus le contenu de la poêle et servez.

SUGGESTIONS

Si vous avez un reste de poulet et (ou) de petits pois, n'hésitez pas à les employer.

Si vous craignez les plats épicés, choisissez un chorizo doux.

SPAGHETTI « BONNE FRANQUETTE » A L'AIL

INGRÉDIENTS

Pour 6 personnes. Préparation et cuisson : 20 mn
500 g de Spaghetti
12 gousses d'ail
5 cl d'huile d'olive
Sel, poivre

RECETTE

Faites cuire les Spaghetti 9 mn dans l'eau bouillante salée.

Épluchez les gousses d'ail, puis faites-les revenir à feu doux dans l'huile jusqu'à ce qu'elles soient dorées.

Lorsque les Spaghetti sont cuits, égouttez-les et versez-les dans un plat chaud. Ajoutez les gousses d'ail et l'huile. Salez et poivrez, mélangez et servez immédiatement.

SUGGESTIONS

Personnalisez votre recette avec votre épice ou votre herbe de prédilection.

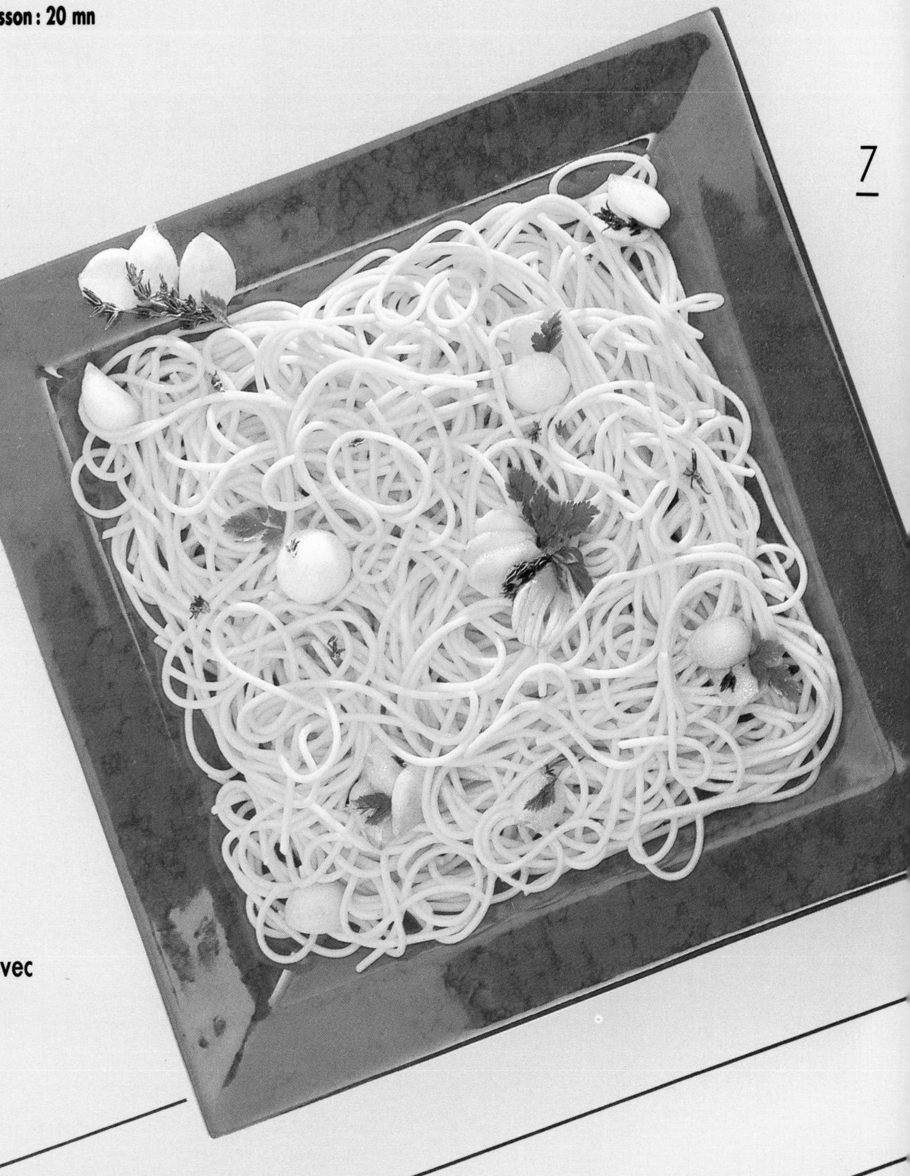

CATHERINE LARA

" Ce que j'aime dans ces deux recettes, c'est que l'on fait de la vraie cuisine avec des ingrédients simples. Un petit chou-fleur, quelques anchois, des câpres, et on peut se régaler de façon originale et reconstituante... Pourquoi pas au souper, après le concert ! "

FRISOLI AU CHOU-FLEUR

INGRÉDIENTS

Pour 6 personnes. Préparation et cuisson : 15 mn
500 g de Frisoli
1 petit chou-fleur (ou 500 g de brocolis)
4 cuillères à soupe de maïzena
40 g de beurre
40 cl de lait
150 g de gruyère râpé (ou comté)
Sel, poivre, muscade (facultatif)

RECETTE

Séparez le chou-fleur en petits bouquets et lavez-les. Faites-les cuire 15 mn dans l'eau bouillante salée.

Faites cuire les Frisoli 10 mn dans l'eau bouillante salée.

Pendant ce temps, mettez le beurre et la maïzena dans une casserole et mélangez à feu doux. Ajoutez le lait en filet. Faites épaissir, puis incorporez le fromage et retirez du feu. Salez, poivrez. Ajoutez la muscade.

Lorsque le chou-fleur est cuit, égouttez-le. Lorsque les pâtes sont cuites, égouttez-les et versez-les dans un plat chaud. Ajoutez le chou-fleur, nappez de sauce et servez.

SUGGESTIONS

La sauce sera bien plus onctueuse si vous lui ajoutez 2 cuillères à soupe de crème fraîche et plus savoureuse si vous lui ajoutez 2 cuillères à soupe de fines herbes fraîches hachées.

Enrichissez vos pâtes de foie de veau ou de volaille coupé en dés, ou même de rondelles de saucisson lyonnais.

TAGLIATELLE AUX ANCHOIS

INGRÉDIENTS

Pour 6 personnes. Préparation et cuisson : 15 mn
500 g de Tagliatelle
100 g d'anchois à l'huile d'olive (2 boîtes)
20 cl de crème fraîche
2 cuillères à soupe de moutarde
6 cuillères à soupe de câpres, poivre

RECETTE

Faites cuire les Tagliatelle 5 à 6 mn dans l'eau bouillante salée.

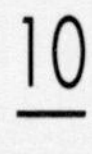

Égouttez les anchois. Réservez l'huile contenue dans les boîtes.

Lorsque les pâtes sont cuites, égouttez-les et versez-les dans une sauteuse avec 4 cuillères à soupe de l'huile réservée. Poivrez. Faites revenir 2 mn en remuant. Mélangez dans un bol la crème fraîche, la moutarde, les anchois et les câpres. Versez sur les pâtes, couvrez, prolongez la cuisson 2 mn et servez.

SUGGESTIONS

Vous pouvez accompagner ces pâtes de fromages râpés divers (parmesan, comté, pecorino, gruyère...), de côtes d'agneau grillées...

FABIENNE THIBEAULT

" Nous autres Québécois, nous avons la réputation de gens aux goûts simples. Et c'est vrai que j'adore les pâtes toutes naturelles, accompagnées d'un petit morceau de beurre. Je vous propose pourtant de découvrir ces deux façons d'accommoder mes pâtes préférées, les Nouilles et les Macaroni. J'espère que vous y prendrez le même plaisir que moi : on peut être gourmand en sachant rester mince ! "

Fabienne Thibeault

NOUILLES FAÇON CHINOISE

INGRÉDIENTS

Pour 6 personnes. Préparation et cuisson : 15 mn
400 g de Nouilles
2 oignons moyens
2 gousses d'ail
2 cuillères à soupe d'huile
6 cuillères à soupe de sauce de soja
6 cuillères à soupe de vinaigre
6 cuillères à soupe de miel
Sel, poivre

RECETTE

Faites cuire les Nouilles 6 à 7 mn dans l'eau bouillante salée.

Pendant ce temps, épluchez les oignons et l'ail et émincez-les. Faites-les revenir dans l'huile jusqu'à ce qu'ils soient légèrement dorés.

Versez alors la sauce de soja, le vinaigre et le miel. Laissez fondre doucement à feu doux pendant quelques minutes, puis éteignez le feu.

Lorsque les pâtes sont cuites, égouttez-les, ajoutez-les à la préparation, mélangez bien et portez à table.

SUGGESTIONS

Ces Nouilles pourront être agrémentées de persil frais ou de coriandre fraîche hachée, de petits champignons ou de crevettes. Vous pourrez également les accompagner de petits pâtés impériaux ou de beignets chinois.

MACARONI AU GRATIN

INGRÉDIENTS

Pour 4 personnes. Préparation et cuisson : 15 mn
800 g de Macaroni cuits (environ 300 g de Macaroni crus, cuisson de 5 à 6 mn)
200 g de gruyère râpé
50 g de beurre
3 cuillères à soupe de maïzena
1/2 l de lait
Muscade, sel, poivre

RECETTE

Délayez les pâtes dans un peu de lait. Ajoutez la moitié du gruyère. Mélangez et versez dans un plat à gratin beurré.

Mélangez à feu doux la maïzena, le beurre et le lait. Laissez cuire en mélangeant jusqu'à épaississement. Salez, poivrez et ajoutez la muscade.

Versez la sauce sur les pâtes, couvrez de gruyère et laissez gratiner à four chaud pendant 10 mn.

SUGGESTIONS

Si vous avez un reste de viande et de légumes cuits, augmentez légèrement la proportion de sauce et de fromage, et alternez dans un plat à gratin des couches de viande (hachée ou en cubes) avec des couches de légumes (en rondelles) et des couches de pâtes. Nappez chaque couche de sauce et de fromage et terminez par une couche de fromage : vous obtiendrez ainsi plusieurs variantes de ce plat simple, mais succulent.

JACQUES LANZMANN

“ Quand j’avais 8 ou 9 ans, mon idéal de bonheur se résumait ainsi : une épouse qui s’attable avec moi face à un énorme plat de pâtes. Ce rêve, que je raconte dans mon livre « le Têtard », je l’ai réalisé trois fois en ce qui concerne le mariage et des milliers de fois pour les pâtes ! Vous comprendrez que je les adore, aussi bien sur le plan diététique que culinaire. Alors bravo pour ces deux préparations, qui m’ont permis de renouveler, de façon originale, le plaisir de ma nourriture favorite ! ”

SPAGHINI « TOUT FEU, TOUT FLAMME »

INGRÉDIENTS

Pour 6 personnes. Préparation et cuisson : 15 mn
500 g de Spaghini
500 g de tomates (ou 1 boîte de tomates pelées)
4 gousses d'ail
1/2 petit piment rouge (ou 2 cuillères à café de purée de piment)
4 cuillères à soupe d'huile d'olive
1 cuillère à soupe d'origan (facultatif), sel

RECETTE

Faites cuire les Spaghini 5 mn dans l'eau bouillante salée.

Plongez les tomates dans l'eau bouillante et pelez-les, puis hachez-les. Mettez-les dans une casserole avec l'huile d'olive, salez et laissez cuire à petit feu.

Pelez l'ail et passez-le au presse-ail au-dessus de la casserole. Retirez les graines et le pédoncule du piment et hachez-le finement. Ajoutez-le aux tomates et mélangez bien.

Lorsque les Spaghini sont cuits, égouttez-les et versez-les dans une sauteuse.
Versez dessus le hachis de tomates, parsemez d'origan, salez, laissez revenir 2 mn et servez.

SUGGESTIONS

Ce plat très épicé doit être accompagné d'un vin rosé bien frais. Servez à part du parmesan ou tout autre fromage râpé, du pain frais et du beurre.

EMINCE D'AGNEAU AUX COQUILLETTES

INGRÉDIENTS

Pour 6 personnes. Préparation et cuisson : 15 mn
500 g de Coquillettes
600 g de restes de gigot d'agneau
4 cuillères à soupe d'huile
1 oignon
1 cuillère à soupe de paprika fort
Sel, poivre

RECETTE

Faites cuire les Coquillettes pendant 6 mn dans l'eau bouillante salée.

Pendant ce temps, coupez la viande en lamelles le plus finement possible.
Pelez l'oignon et coupez-le en rondelles.
Faites revenir l'oignon dans l'huile jusqu'à ce qu'il prenne couleur. Ajoutez la viande et laissez revenir encore 2 mn.
Ajoutez ensuite le paprika.
Salez et poivrez.

Lorsque les pâtes sont cuites, égouttez-les et versez-les dans la sauteuse avec la viande. Mélangez et servez.

SUGGESTIONS

Vous pouvez remplacer l'agneau par du veau, du bœuf ou du canard cuit, et le paprika par toutes sortes d'aromates tels que thym, romarin, sauge... Vous pouvez également servir à part du parmesan râpé, des amandes effilées, des cornichons à l'aigre-douce.

JULIEN LEPERS

" J'ai été séduit par l'originalité de ces deux recettes :
l'une propose une savoureuse variation sur
le fameux « chili con carne » ; l'autre associe les
Escargots et une délicieuse spécialité
provençale, la tapenade.
Je conseille ces préparations à tous ceux qui croient
encore qu'un plat de pâtes est quelque chose
d'un peu triste pour un dîner.
Ils changeront très vite d'avis !"

Julien Lepers

SPAGHETTI AU CHILI

INGRÉDIENTS

Pour 6 personnes. Préparation et cuisson : 15 mn
500 g de Spaghetti
500 g de haricots rouges en boîte égouttés et rincés
500 g de bifteck haché
1 oignon
1 litre de jus de tomate
1 cuillère à café de tabasco, huile, sel

RECETTE

Faites cuire les Spaghetti 9 mn dans l'eau bouillante salée.

Pelez l'oignon et hachez-le. Formez des petites boulettes de viande hachée et faites-les revenir avec l'oignon dans un peu d'huile. Lorsque la viande et les oignons ont pris couleur, ajoutez les haricots rouges, le jus de tomate et le tabasco, salez, et laissez mijoter à feu doux.

Lorsque les pâtes sont cuites, égouttez-les et versez-les dans un plat chaud. Ajoutez le mélange et servez.

SUGGESTIONS

Vous pouvez arômatiser la viande avec de l'ail écrasé et des herbes. Dans ce cas, ajoutez 1 jaune d'œuf pour lier, et malaxez longuement la viande.

Vous pouvez également faire revenir un autre oignon haché dans de l'huile et en parsemer les pâtes au moment de servir.

ESCARGOTS A LA TAPENADE

INGRÉDIENTS

Pour 6 personnes. Préparation et cuisson : 15 mn
500 g d'Escargots
200 g d'olives noires dénoyautées
6 filets d'anchois à l'huile
6 cuillères à soupe de câpres égouttées
3 cuillères à soupe d'huile d'olive

RECETTE

Faites cuire les Escargots 11 mn dans l'eau bouillante salée.

Passez au mixeur les olives avec les anchois, 4 cuillères à soupe de câpres et l'huile d'olive.

Lorsque les pâtes sont cuites, égouttez-les et versez-les dans un plat chaud. Incorporez la « tapenade », parsemez du reste de câpres et servez.

SUGGESTIONS

Pour égayer ce plat et en agrémenter le goût, parsemez de cerfeuil, de persil ou de basilic frais hachés. Vous pouvez également ajouter des tomates-cerises ou des dés de tomate qui atténueront le caractère salé de la tapenade.

JULIE PIETRI

" Les pâtes, c'est magique ! Il y a tant de formes différentes, tant de façons de les préparer... J'ai sélectionné pour vous deux recettes que je trouve très originales. Car, vous savez, je ne suis pas très conformiste. Si vous êtes comme moi, vous aimerez ces Macaroni aux œufs de lompe, dont la seule couleur surprendra vos amis, et ces « croque-Lasagnes » rehaussés de moutarde. "

MACARONI AUX ŒUFS DE LOMPE

INGRÉDIENTS

Pour 6 personnes. Préparation et cuisson : 15 mn
500 g de Macaroni
2 boîtes d'œufs de lompe rouges de 100 g chacune
20 cl de crème fraîche
1 cuillère à soupe de moutarde
Sel, poivre

RECETTE

Faites cuire les Macaroni 5 à 6 mn dans l'eau bouillante salée.

Pendant ce temps, laissez fondre la crème fraîche et la moutarde à feu très doux.

Lorsque les pâtes sont cuites, égouttez-les et versez-les dans un plat chaud. Ajoutez la crème et les œufs de lompe. Salez légèrement et poivrez. Mélangez délicatement et servez aussitôt.

SUGGESTIONS

La couleur corail de ce plat est un véritable plaisir pour les yeux. Les œufs de lompe se conservent près de deux ans et vous permettent de posséder dans vos réserves un repas impromptu tout à fait insolite.

CROQUE-LASAGNES

INGRÉDIENTS

Pour 6 personnes. Préparation et cuisson : 40 mn
500 g de Lasagnes
6 tranches de jambon
4 cuillères à soupe de moutarde
300 g de fromage râpé
3/4 de litre de lait
60 g de farine
60 g de beurre
Sel, poivre

RECETTE

Faites fondre le beurre dans une casserole. Ajoutez la farine tout en remuant, puis le lait en filet.

Laissez cuire en remuant jusqu'à épaississement. Salez et poivrez.

Beurrez un plat à gratin.

Alternez Lasagnes, sauce, jambon, moutarde et fromage en lamelles. Terminez par une couche de Lasagnes surmontée du reste de sauce et du reste de fromage. Couvrez. Mettez à four chaud et laissez cuire 30 mn.

SUGGESTIONS

Les Lasagnes Rivoire & Carret présentent l'intérêt de ne pas nécessiter de précuisson : ainsi, en un temps record, vous pourrez présenter à vos convives un plat dit « cuisiné ».

PATRICK ROY

*“ **E**n bon méridional, je ne pouvais que vous proposer des recettes bien relevées. L'une fait appel aux saucisses de Strasbourg, l'autre à la rosette de Lyon, et leur point commun est qu'elles ont toutes deux force et caractère. Ce sont deux plats de fête exubérants et savoureux, idéals pour rassembler une bande d'amis sous le signe de la bonne humeur... ”*

RIGATONI AU BEURRE D'ESCARGOT

INGRÉDIENTS

Pour 6 personnes. Préparation et cuisson : 20 mn
500 g de Rigatoni
6 saucisses de Strasbourg
150 g de beurre
6 cuillères à soupe de persil frais haché
4 gousses d'ail, sel, poivre

RECETTE

Faites cuire les Rigatoni pendant 10 mn dans l'eau bouillante salée.

Pendant ce temps, pelez les gousses d'ail et passez-les au presse-ail. Travaillez le beurre à l'aide d'une cuillère en bois tout en ajoutant le persil, l'ail, le sel et le poivre. Coupez les saucisses en rondelles.

Lorsque les pâtes sont cuites, égouttez-les et versez-les dans un plat allant au four. Disposez au-dessus les rondelles de saucisses et le beurre d'escargot. Passez le plat 10 mn sous le gril du four, puis mélangez et servez.

SUGGESTIONS

Ce plat savoureux sera rehaussé avec du gruyère râpé, et les jours de fête vous pourrez remplacer les saucisses par des escargots.

Pour ceux qui craignent les effets de l'ail, il est conseillé de croquer un grain de café après le repas !

PAPILLONS A LA PAYSANNE

INGRÉDIENTS

Pour 6 personnes. Préparation et cuisson : 20 mn
500 g de Papillons
12 tranches de saucisson (rosette de Lyon, si possible)
1 grosse tomate
100 g de gruyère
2 cuillères à soupe de crème fraîche
1 cuillère à soupe de moutarde, sel, poivre

SUGGESTIONS

Cette recette s'accommodera également de petits lardons revenus, d'olives noires et (ou) de persil frais haché.

RECETTE

Faites cuire les Papillons pendant 8 à 9 mn dans l'eau bouillante salée.

Pendant ce temps, lavez la tomate et hachez-la. Faites-la fondre à feu doux dans une poêle. Coupez les tranches de saucisson en carrés de 2 cm et le gruyère en cubes de 1 cm.

Lorsque les pâtes sont cuites, égouttez-les et versez-les dans un plat chaud. Ajoutez la crème fraîche et la moutarde à la tomate. Salez et poivrez, mélangez et versez le tout sur les pâtes. Ajoutez le gruyère et le saucisson, et servez.

ROSY VARTE

" Comme dans « MAGUY », je suis une bonne vivante.
Et jamais je n'aurais cru que de simples pâtes pouvaient étonner une personne aussi gourmande que moi...
Un conseil : le jour où vous vous retrouverez avec une bande d'amis arrivant à l'improviste pour dîner, préparez-leur une de ces deux recettes.
Vos convives seront abasourdis par ce que l'on peut réussir en un quart d'heure avec des Tagliatelle ou des Coquillettes... "

Rosy Varte

TAGLIATELLE AU CAVIAR D'AUBERGINES

INGRÉDIENTS

Pour 6 personnes. Préparation et cuisson : 15 mn
500 g de Tagliatelle
3 petites aubergines
1 tomate
2 gousses d'ail
1 citron
10 cl d'huile d'olive, sel, poivre

RECETTE

Faites cuire les Tagliatelle 5 à 6 mn dans l'eau bouillante salée.

Épluchez les aubergines et coupez-les en petits dés de 1 cm. Coupez la tomate en deux. Faites revenir les aubergines et la tomate pendant 10 mn dans l'huile. Versez 20 cl d'eau, couvrez et laissez cuire à feu doux pendant 5 mn.

Lorsque les pâtes sont cuites, égouttez-les et versez-les dans un plat chaud.

Pelez l'ail et pressez-le au-dessus des aubergines.

Passez le mélange au mixeur. Salez et poivrez. Servez les pâtes dans les assiettes. Disposez le caviar d'aubergines au centre avec un quartier de citron. Servez.

SUGGESTIONS

Vous pouvez accompagner ce plat de merguez ou de côtes d'agneau grillées.

SALADE DE COQUILLETTES A L'AMERICAINE

INGRÉDIENTS

Pour 6 personnes. Préparation et cuisson : 15 mn
500 g de Coquillettes
1 poivron vert moyen
200 g de maïs égoutté
300 g de crevettes roses
8 cuillères à soupe de mayonnaise
4 cuillères à soupe de ketchup, sel, poivre

RECETTE

Faites cuire les Coquillettes 6 mn dans l'eau bouillante salée.

Coupez le poivron en deux. Otez les graines et les filaments. Lavez-le et coupez-le en fines lamelles. Décortiquez les crevettes.

Lorsque les pâtes sont cuites, égouttez-les et rafraîchissez-les sous l'eau froide. Versez-les dans un saladier. Ajoutez le poivron, le maïs, les crevettes, la mayonnaise et le ketchup. Salez et poivrez. Mélangez bien et servez.

SUGGESTIONS

Vous pouvez tout aussi bien utiliser des crevettes en boîte ou des crevettes surgelées. Si votre ketchup ne relève pas assez la sauce, ajoutez quelques gouttes de tabasco.

Une salade de pâtes peut se consommer tiède. Si vous la préférez froide, utilisez des pâtes cuites la veille.

SOPHIE DAREL

“ J'ai goûté pour vous deux recettes savoureuses. L'une — les Coquillages express à la crème — est très rapide à réaliser. L'autre — les Lasagnes aux épinards — demande à peine plus de préparation. Si vous adorez comme moi faire la cuisine sans en avoir toujours le loisir, vous disposez ici de deux plats délicieux, dont chacun s'adapte... au temps qui vous est imparti, comme on dit à la télévision ! ”

Sophie Darel

LASAGNES AUX EPINARDS

INGRÉDIENTS

Pour 6 personnes. Préparation et cuisson : 40 mn
500 g de Lasagnes
1 kg d'épinards hachés surgelés (ou en boîte)
750 g de fromage blanc en faisselle
3 œufs
250 g de gruyère râpé
Sel, poivre, muscade (facultatif)

RECETTE

Faites fondre les épinards à feu doux pendant 10 mn, puis égouttez-les.

Battez le fromage blanc et son petit lait avec les œufs, le fromage râpé, le sel, le poivre et la muscade.

Alternez dans un plat à gratin les Lasagnes avec des couches d'épinards et de préparation au fromage en terminant par une couche de préparation au fromage. Couvrez. Laissez cuire 30 mn à four chaud.

SUGGESTIONS

Vous pouvez insérer aussi une couche de filets de poissons cuits, de petits lardons revenus, ou encore de lamelles de foie de volaille ou de veau cuites.

COQUILLAGES EXPRESS A LA CREME

INGRÉDIENTS

Pour 6 personnes. Préparation et cuisson : 15 mn
500 g de Coquillages
6 tranches de lard ou de poitrine fumée
6 cuillères à soupe de crème fraîche
2 œufs
200 g de gruyère râpé
Sel, poivre

RECETTE

Faites cuire les Coquillages 11 mn dans l'eau bouillante salée.

Faites revenir la poitrine fumée à feu doux dans une poêle.
Lorsqu'elle est dorée de tous côtés, ajoutez la crème fraîche.
Salez, poivrez et éteignez le feu.

Lorsque les pâtes sont cuites, égouttez-les et versez-les dans un plat chaud. Ajoutez la poitrine avec sa sauce.
Cassez les œufs en séparant le blanc des jaunes et ajoutez ces derniers aux pâtes.
Mélangez et servez aussitôt, avec le fromage à part.

SUGGESTIONS

Vous pouvez parsemer ce plat d'olives farcies aux poivrons et aux amandes, ou encore de basilic, cerfeuil ou origan haché.
Vous pouvez également remplacer la poitrine par du jambon ou des saucisses, et corser la sauce avec un peu de moutarde.

JACQUES LAFFITE

" Pour quelqu'un qui aime la compétition, il devrait n'y avoir de plaisir qu'à être parmi les meilleurs. Pourtant, je me contente de n'être qu'un modeste cuisinier. J'adore préparer des petits plats, spécialement quand je suis aidé par mes filles. J'ai choisi deux recettes qui sont à la portée de mon talent, et qui sont encore plus amusantes à réaliser en famille, chacun mettant la main à la pâte ! "

J Laffite

FRICASSEE DE TORSADES

INGRÉDIENTS

Pour 6 personnes. Préparation et cuisson : 15 mn
500 g de Torsades cuites (250 g de Torsades crues, cuisson de 6 mn)
2 oignons moyens
2 tranches de lard ou de poitrine salée (ou fumée)
300 g de restes de volaille
3 tomates moyennes
Sel, poivre

RECETTE

Coupez le reste de volaille en fines lamelles. Épluchez les oignons et émincez-les. Lavez les tomates et coupez-les en petits dés.

Taillez le lard en petits lardons, ajoutez-les aux oignons. Laissez-les dorer légèrement dans une poêle anti-adhésive.

Ajoutez ensuite la volaille, mélangez et laissez revenir pendant 2 mn. Ajoutez enfin les tomates et les pâtes. Délayez avec un peu d'eau si nécessaire, salez et poivrez. Mélangez bien, et lorsque les pâtes sont chaudes, servez sans tarder.

SUGGESTIONS

Personnalisez votre plat en y ajoutant à votre goût du romarin ou du basilic, de l'ail ou du tabasco, des olives noires ou des lamelles de gruyère.

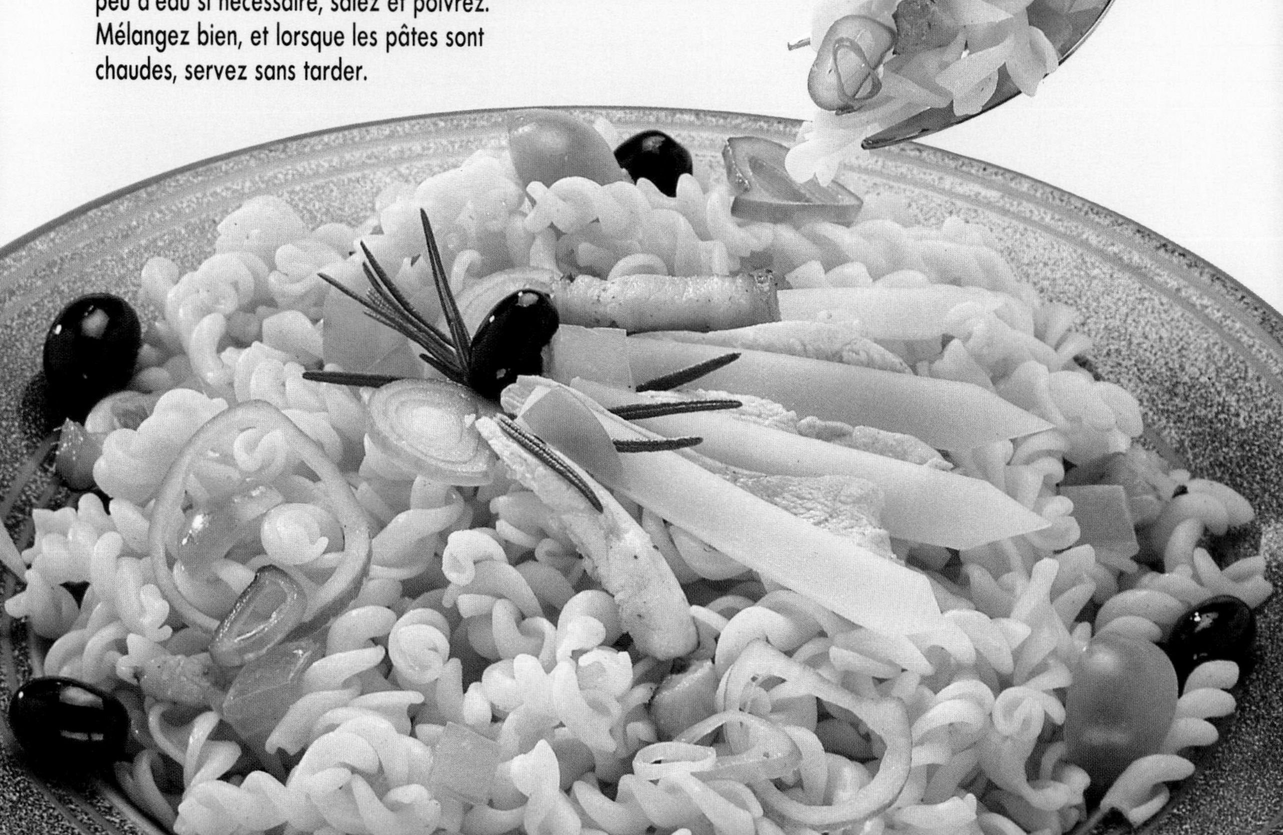

SPAGHINI AU GORGONZOLA

INGRÉDIENTS

Pour 6 personnes. Préparation et cuisson : 10 mn
500 g de Spaghini
50 g de beurre
250 g de gorgonzola
20 cl de crème fraîche
Sel, poivre

RECETTE

Faites cuire les Spaghini pendant 5 mn dans l'eau bouillante salée.

Laissez fondre le beurre sur un feu très doux. Lorsque le beurre est fondu, ajoutez le gorgonzola et réduisez-le en pommade avec une cuillère. Ajoutez ensuite la crème et mélangez bien jusqu'à ce que la préparation soit homogène. Salez et poivrez.

Lorsque les pâtes sont cuites, égouttez-les, versez-les dans un plat de service chaud, nappez de sauce et servez.

SUGGESTIONS

En ajoutant 2 cuillères à soupe de sauce tomate à cette recette, vous obtiendrez une variante intéressante. Si vous souhaitez donner une couleur « italienne » à votre repas, servez à part des rondelles de tomates nature, de la coppa ou du jambon de Parme.

PHILIPPE DINTRANS

" Peu de gens savent à quel point les pâtes sont bonnes pour les sportifs. J'en mange souvent, à la fois par gourmandise et pour des questions diététiques. Les préparations variées sont donc les bienvenues, et j'ai particulièrement apprécié ces deux recettes savoureuses, l'une au thon et l'autre au fromage blanc. "

PAPILLONS AU THON

INGRÉDIENTS

Pour 6 personnes. Préparation et cuisson : 15 mn
500 g de Papillons
6 tomates
10 cl de vin blanc sec (facultatif)
1 boîte de thon au naturel
150 g d'olives vertes
50 g de parmesan râpé
Sel, poivre

RECETTE

Faites cuire les Papillons 8 à 9 mn dans l'eau bouillante salée.

Plongez les tomates dans l'eau bouillante et pelez-les. Coupez-les en quatre et retirez-en les pépins, puis hachez-les.

Mettez le hachis de tomates dans une casserole avec le vin blanc, le thon émietté et les olives. Faites cuire le mélange à feu doux.

Lorsque les pâtes sont cuites, égouttez-les et versez-les dans un plat chaud. Ajoutez le mélange à la tomate et servez avec le parmesan à part.

SUGGESTIONS

Vous pouvez adoucir le goût du parmesan avec du gruyère râpé. Ajoutez selon votre humeur, et selon vos réserves, de la menthe fraîche hachée ou de la ciboulette, ou encore de l'estragon.
Si vous n'avez pas de tomates fraîches, une boîte de tomates pelées fera fort bien l'affaire.

TORSADES AU FROMAGE BLANC

INGRÉDIENTS

Pour 6 personnes. Préparation et cuisson : 20 mn
800 g de Torsades cuites (6 mn de cuisson)
500 g de fromage blanc
4 œufs
200 g de gruyère râpé
20 g de beurre
1 pincée de noix de muscade
Sel, poivre

RECETTE

Dans une terrine, battez les œufs en ajoutant petit à petit le fromage blanc et 100 g de gruyère râpé. Salez, poivrez et ajoutez la muscade.

Beurrez un plat à gratin. Versez la préparation sur les pâtes et mélangez bien. Reversez le tout dans le plat à gratin.
Parsemez de gruyère râpé.
Mettez à four chaud
15 mn environ. Lorsque le dessus est bien doré, portez le plat à table.

SUGGESTIONS

Cette recette ne s'applique pas seulement aux Torsades : tout autre reste de pâtes cuites fera aussi bien l'affaire.

Vous pouvez ajouter aux pâtes des lardons revenus, des champignons revenus (frais ou en boîte), des rondelles de saucisses cuites. Ce plat n'en sera que meilleur.

YVES LECOQ

*“ **O**n m'a proposé de tester pour vous des recettes de pâtes. J'ai accepté parce que j'aime tellement les pâtes qu'on m'appelle parfois « le coq en pâtes ».
Je vous avoue que la cuisine ce n'est pas mon rayon et que, à part l'œuf « à la coq », je ne sais rien faire.
J'ai choisi des préparations avec des Coquillages et des Escargots, car je ne sors pas facilement de ma coquille.
Je les ai goûtées. Eh bien les pâtes n'ont pas fini de m'épater !... ”*

COQUILLAGES AU BEURRE DE ROQUEFORT

INGRÉDIENTS

Pour 6 personnes. Préparation et cuisson : 15 mn
500 g de Coquillages
100 g de beurre
200 g de roquefort
Sel, poivre

RECETTE

Faites cuire les Coquillages 11 mn dans l'eau bouillante salée.

Travaillez le beurre avec une spatule en bois pour le ramollir. Procédez de même avec le roquefort et ajoutez-le au beurre. Poivrez. Travaillez le mélange jusqu'à ce qu'il soit homogène.

Lorsque les pâtes sont cuites, égouttez-les et versez-les dans un plat chaud. Ajoutez le beurre de roquefort et servez aussitôt.

SUGGESTIONS

Vous serez surpris de constater que beaucoup d'enfants raffolent du roquefort. Ce plat qui se suffit à lui-même deviendra un véritable festin si vous vous amusez à l'accompagner de mini-tomates, mini-saucisses et œufs de cailles revenus dans un peu d'huile. Un véritable « mixed grill » à l'anglaise en miniature.

ESCARGOTS AU BOURSIN

INGRÉDIENTS

Pour 6 personnes. Préparation et cuisson : 15 mn
500 g d'Escargots
1 Boursin à l'ail et aux fines herbes (150 g)
2 cuillères à soupe de crème fraîche
20 olives vertes
1 cuillère à café de graines de cumin (ou 1 pincée de noix de muscade)
Sel, poivre

RECETTE

Faites cuire les Escargots pendant 11 mn dans l'eau bouillante salée.

Écrasez grossièrement le fromage à la fourchette. Incorporez la crème fraîche.

Lorsque les pâtes sont cuites, égouttez-les et versez-les dans un plat chaud. Ajoutez le fromage, les olives et le cumin. Salez et poivrez. Mélangez intimement et servez.

SUGGESTIONS

Un reste de jambon, de poisson ou de poulet fumé et quelques noix en feront un plat digne des meilleures tables.

JACKY

*“ **C**eux qui me connaissent bien savent que j'ai deux passions : le rock et la bonne cuisine. Je vous conseille vivement de découvrir les pâtes en salade telles que je vous les propose dans ces deux recettes malicieuses. C'est une préparation qui surprendra sans doute vos convives mais, croyez-moi, ils en redemanderont ! ”*

JACKY

SALADE DE CONFETTI AU JAMBON CRU

INGRÉDIENTS

Pour 6 personnes. Préparation et cuisson : 20 mn
500 g de Confetti
4 tranches de jambon de Bayonne (ou équivalent)
2 pommes
4 cuillères à soupe de jus de citron
150 g de cantal
10 cl de sauce mayonnaise
Sel, poivre

RECETTE

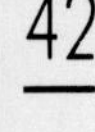

Faites cuire les Confetti pendant 8 mn dans l'eau bouillante salée.

Pendant ce temps, coupez le jambon en lanières de 1 cm. Épluchez les pommes puis coupez-les en dés de 2 cm en prenant soin de retirer les pépins. Arrosez-les de jus de citron. Taillez le cantal en dés de 1 cm.

Lorsque les pâtes sont cuites, égouttez-les et rafraîchissez-les sous l'eau froide. Versez-les ensuite dans un saladier, ajoutez la mayonnaise, le jambon, le cantal et les pommes. Salez et poivrez, mélangez délicatement et servez.

SUGGESTIONS

Ce plat, délicieux en lui-même, prendra des allures de repas de gala si vous ajoutez un peu de ketchup à la sauce, quelques dés d'avocat, quelques crevettes et quelques feuilles d'estragon à la salade.

PELE-MELE DE DIABOLO AUX PETITS POIS ET AU JAMBON

INGRÉDIENTS

Pour 6 personnes. Préparation et cuisson : 15 mn
500 g de Diabolo
250 g de petits pois égouttés
250 g de jambon (du talon, de préférence)
8 cuillères à soupe de mayonnaise vinaigrée
2 cuillères à soupe de ciboulette
fraîche hachée
Sel, poivre

RECETTE

Faites cuire les pâtes 14 mn dans l'eau bouillante salée.

Coupez le jambon en dés de 1 cm.

Lorsque les pâtes sont cuites, égouttez-les et rafraîchissez-les sous l'eau froide. Versez-les dans un saladier. Ajoutez les petits pois, le jambon, la ciboulette et la mayonnaise. Salez et poivrez. Mélangez et servez.

SUGGESTIONS

Pour « corser » cette salade, ajoutez à la mayonnaise 1 cuillère à café de moutarde aromatisée. N'hésitez pas à y rajouter vos restes de viande coupés en dés, du piment de Cayenne en poudre, quelques olives vertes dénoyautées.

MARIE-PAULE BELLE

" J'ai choisi pour vous deux recettes malicieuses qui, d'une certaine façon, me ressemblent parce qu'elles sont à la fois naturelles et sophistiquées. Cette salade de Farandole, comme ces Confetti au beurre de moutarde, surprendront à coup sûr vos amis, surtout si vous y ajoutez la fantaisie d'une décoration très personnelle. "

SALADE DE FARANDOLE AUX ÉPINARDS

INGRÉDIENTS

Pour 6 personnes. Préparation et cuisson : 15 mn
500 g de Farandole
250 g d'épinards frais
1 gros oignon (rouge, si possible)
10 cl de vinaigrette

RECETTE

Faites cuire les Farandole 12 mn dans l'eau bouillante salée.

Épluchez l'oignon et coupez-le en fines rondelles.

Préparez la vinaigrette.

Retirez la partie dure des épinards, lavez-les et épongez-les dans un linge.
Coupez-les en lanières.

Lorsque les Farandole sont cuites, égouttez-les et rafraîchissez-les sous l'eau froide.
Versez-les ensuite dans un saladier, ajoutez l'oignon et la vinaigrette.

Au moment de servir, ajoutez les épinards et mélangez délicatement.

SUGGESTIONS

Si vous souhaitez donner à votre plat une note artistique, ajoutez çà et là quelques radis découpés en fleur et (ou) quelques rondelles de carottes découpées en étoile.
Pour en faire un plat complet, servez à part des demi-crottins de Chavignol passés au gril quelques minutes.

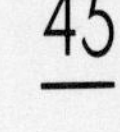

CONFETTI AU BEURRE DE MOUTARDE

INGRÉDIENTS

Pour 6 personnes. Préparation et cuisson : 15 mn
500 g de Confetti
100 g de beurre
2 cuillères à soupe de moutarde
Sel, poivre

RECETTE

Faites cuire les Confetti 8 mn dans l'eau bouillante salée.

Travaillez le beurre avec une spatule en bois pour le ramollir. Ajoutez le sel, le poivre et la moutarde. Continuez de travailler jusqu'à ce que la préparation soit homogène.

Lorsque les pâtes sont cuites, égouttez-les et versez-les dans un plat chaud. Ajoutez le beurre de moutarde, mélangez et portez aussitôt à table.

SUGGESTIONS

Vous pouvez ajouter au gré de votre fantaisie des miettes de thon et des olives noires, ou de l'estragon frais haché, ou un reste de jambon coupé en fines lamelles et un reste de fromage râpé, ou encore un reste de saucisse coupée en rondelles.

Ces beurres composés présentent l'avantage de pouvoir se conserver quelques jours au réfrigérateur.

KATIA TCHENKO

"Des pâtes en costume de fête, voilà ce que j'ai découvert avec ces deux recettes hautes en goût et en couleur. Je vous invite à en faire de même. Rien que les noms de ces variétés, Farfadelle, Farandole, donnent une folle envie de se mettre aux fourneaux pour régaler une bande de copains !"

SAUTE DE COURGETTES AUX FARFADELLE

INGRÉDIENTS

Pour 6 personnes. Préparation et cuisson : 15 mn
500 g de Farfadelle
4 courgettes moyennes
4 cuillères à soupe d'huile d'olive
200 g de gouda au cumin
Sel, poivre

RECETTE

Faites cuire les Farfadelle 10 mn dans l'eau bouillante salée.

Lavez les courgettes et coupez-les en dés de 1 cm. Faites-les revenir 10 mn dans l'huile. Coupez le fromage en dés de 1 cm.

Lorsque les pâtes sont cuites, égouttez-les et versez-les sur les courgettes dans la poêle.
Laissez revenir 2 mn.
Ajoutez le fromage.
Salez et poivrez, servez.

SUGGESTIONS

Si vous ne possédez pas de gouda au cumin, vous pouvez le remplacer par de la tomme et ajouter à la recette une cuillère à soupe de graines de cumin.

Pour en faire un plat principal, vous pouvez ajouter du saucisson à l'ail en dés ou des saucisses coupées en rondelles. Vous pouvez également l'agrémenter d'un filet de jus de citron (jaune ou vert).

FARANDOLE AU BEURRE DE PAPRIKA (OU DE CURRY)

INGRÉDIENTS

Pour 6 personnes. Préparation et cuisson : 15 mn
500 g de Farandole
100 g de beurre
4 cuillères à café de paprika (ou de curry)
Sel, poivre

RECETTE

Faites cuire les Farandole 12 mn dans l'eau bouillante salée.

Travaillez le beurre avec une spatule en bois pour le ramollir. Ajoutez le paprika, salez et poivrez, puis continuez de travailler le mélange jusqu'à ce qu'il soit homogène.

Lorsque les pâtes sont cuites, égouttez-les. Versez-les dans un plat chaud, ajoutez le beurre de paprika, mélangez et servez aussitôt.

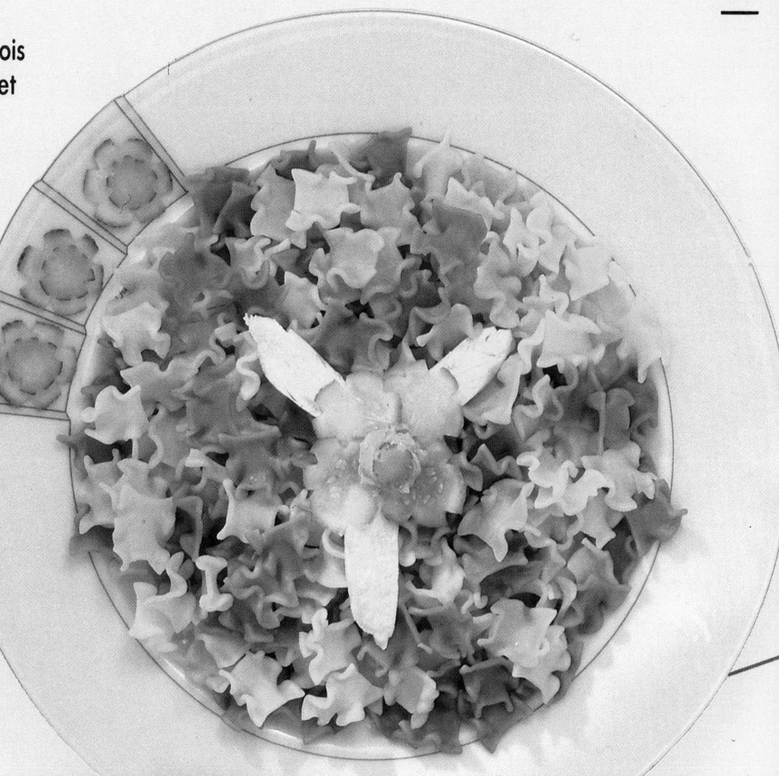

SUGGESTIONS

N'hésitez pas à rajouter un reste d'agneau ou de volaille coupé en très fines lamelles ; quelques rondelles de cornichons s'il s'agit d'agneau ou quelques olives vertes s'il s'agit de volaille.

MICHEL ROUX

“Difficile de vous dire laquelle de ces deux préparations je préfère. Côté cour, des Farfadelle avec un trio de fromages. Côté jardin, des Paille et Foin donnant la réplique à un sextuor de poireaux. Alors adoptons-les toutes les deux : ce n’est pas de la grande mise en scène culinaire mais c’est gai, délicieux et assez recherché pour satisfaire les plus blasés... ”

FARFADELLE AUX TROIS FROMAGES

INGRÉDIENTS

Pour 6 personnes. Préparation et cuisson : 10 mn
500 g de Farfadelle
50 g de Cantal
50 g de Cheddar (ou de Mimolette)
50 g de Comté
1 cuillère à soupe de crème fraîche
Sel, poivre, paprika

RECETTE

Faites cuire les Farfadelle 10 mn dans l'eau bouillante salée.

Râpez les fromages.

Lorsque les pâtes sont cuites, égouttez-les et versez-les dans un plat chaud. Ajoutez la crème fraîche, les fromages, le sel, le poivre et le paprika. Portez à table.

SUGGESTIONS

Servez avec ce plat un assortiment de petits raviers garnis d'olives noires ou vertes, restes de viande en cubes, fines herbes, anchois à l'huile, sardines, épices et aromates divers... Ce repas « à la carte » sera très apprécié.

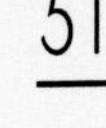

PAILLE ET FOIN AUX POIREAUX

INGRÉDIENTS

Pour 6 personnes. Préparation et cuisson : 20 mn
500 g de Paille et Foin
6 blancs de poireaux
100 g de beurre
2 cuillères à soupe de crème fraîche
2 cuillères à soupe de maïzena
Sel, poivre

RECETTE

Lavez les blancs de poireaux et coupez-les en rondelles de 2 cm. Mettez-les dans une casserole avec la moitié du beurre. Salez, poivrez et versez 25 cl d'eau. Couvrez et laissez cuire 15 mn

Faites cuire les Paille et Foin 8 mn dans l'eau bouillante salée.

Mettez ensuite le reste du beurre dans une casserole avec la maïzena. Faites cuire à feu doux et, tout en remuant, ajoutez le liquide de cuisson des poireaux.

Lorsque le mélange a épaissi, incorporez la crème fraîche hors du feu.

Lorsque les pâtes sont cuites, égouttez-les et versez-les dans un plat chaud. Ajoutez dessus les poireaux, nappez de sauce et servez.

SUGGESTIONS

Une pincée de safran dans l'eau de cuisson des poireaux sera du plus heureux effet. Quelques petits lardons revenus ou, mieux encore, quelques fines lamelles de saumon fumé constituent d'agréables variantes.

NICOLETTA

*“ **P**our moi, bien manger c’est allier le plaisir des yeux au plaisir gustatif, de même que dans une bonne chanson le texte et la musique sont inséparables et doivent parfaitement « marcher » ensemble. Essayez les deux recettes que j’ai choisies : Paille et Foin et Diabolo, c’est un festival de couleurs qui met l’eau à la bouche et ne déçoit pas quand on y goûte ! ”*

Nicoletta

PAILLE ET FOIN FORESTIERES

INGRÉDIENTS

Pour 6 personnes. Préparation et cuisson : 20 mn
500 g de Paille et Foin
500 g de champignons (de Paris, girolles, cèpes...)
6 échalotes (ou 2 oignons)
10 cl de vin blanc sec
40 g de beurre
5 cuillères à soupe de crème fraîche
Sel, poivre

RECETTE

Nettoyez les champignons et coupez-les en quatre. Pelez les échalotes et émincez-les. Faites fondre les champignons et les échalotes à feu doux dans le beurre et le vin blanc pendant 10 mn.

Pendant ce temps, faites cuire les Paille et Foin 8 mn dans l'eau bouillante salée.

Lorsque les pâtes sont cuites, égouttez-les et versez-les dans un plat chaud. Ajoutez la crème fraîche aux champignons. Salez et poivrez, mélangez, versez-les sur les pâtes et servez.

SUGGESTIONS

Corsez la sauce en ajoutant une à deux cuillères à soupe de moutarde forte à la crème fraîche, et aromatisez votre plat en le saupoudrant de ciboulette ou d'estragon haché.

Une variante de ce plat : faites revenir des petits lardons, puis des oignons et enfin des champignons. Assaisonnez et ajoutez la crème fraîche hors du feu.

DIABOLO EXPRESS A LA SAUCE TOMATE

INGRÉDIENTS

Pour 6 personnes. Préparation et cuisson : 15 mn
500 g de Diabolo
1 oignon
3 cuillères à soupe d'huile d'olive
(ou de tournesol)
1 gousse d'ail
3 grosses tomates
Sel, poivre

RECETTE

Faites cuire les pâtes 14 mn dans l'eau bouillante salée.

Pelez l'oignon et coupez-le en fines lamelles. Faites-le revenir 5 mn dans l'huile. Hachez les tomates et ajoutez-les aux oignons. Pelez l'ail, passez-le au presse-ail et ajoutez-le au mélange.
Salez et poivrez, et laissez mijoter 5 mn.

Lorsque les pâtes sont cuites, égouttez-les et versez-les dans un plat de service chaud.
Passez la sauce au mixeur, versez-la sur les pâtes et portez le plat à table.

SUGGESTIONS

Goûtez la sauce et ajoutez un morceau de sucre pour en retirer l'acidité, si cela vous paraît nécessaire.

Selon votre humeur, ajoutez à la sauce basilic, câpres, tabasco, olives noires, viande hachée, saucisse de Toulouse, lard fumé...

DANIELE EVENOU

*" **B**izarrement, c'est à l'âge où l'on ne risque plus d'être privé de dessert que l'on commence à apprécier la soupe... Si bien que je n'ai pas eu besoin d'être grondée pour tester ce potage aux Cheveux d'Ange et cette soupe au cresson. Deux préparations pleines de finesse et d'arôme qui valent le détour, avec ou sans dessert... "*

Daniele Evenou

POTAGE DE CHEVEUX D'ANGE A LA CHINOISE

INGRÉDIENTS

Pour 6 personnes. Préparation et cuisson : 10 mn
150 g de Vermicelles Cheveux d'Ange
2 tablettes de bouillon de volaille
80 g de crevettes au naturel
200 g de champignons frais ou en boîte
4 cuillères à soupe de sauce de soja
Quelques feuilles de salade (laitue, scarole...)

RECETTE

Portez à ébullition 2 litres d'eau dans une casserole. Ajoutez les cubes de bouillon, et remuez jusqu'à ce qu'ils soient dissous.

Nettoyez les champignons (ou égouttez-les), et émincez-les. Ajoutez les Vermicelles au bouillon, puis les crevettes, les champignons et la sauce de soja.

Laissez cuire 2 mn. Nettoyez la salade et coupez-la en fines lanières. Lorsque le potage est cuit, jetez-y la salade, et servez aussitôt.

SUGGESTIONS

Vous pouvez remplacer les crevettes par un reste de poulet coupé en fines lamelles.

Modifiez à volonté le goût de ce potage en ajoutant quatre cuillères à soupe de Nuoc-Mam, quelques gouttes de tabasco ou deux cuillères à soupe de vinaigre.

SOUPE DE CRESSON AUX VERMICELLES FINS

INGRÉDIENTS

Pour 6 personnes. Préparation et cuisson : 20 mn
200 g de Vermicelles
250 g de cresson
6 pommes de terre moyennes
1 cuillère à soupe de cerfeuil ou de persil frais haché
2 cuillères à soupe de crème fraîche

RECETTE

Equeutez, lavez et égouttez le cresson. Faites-le fondre dans une casserole dans 20 g de beurre, à feu très doux. Pendant ce temps, épluchez les pommes de terre et coupez-les en petits cubes. Ajoutez-les au cresson. Salez, poivrez et versez dans 2 litres d'eau. Portez à ébullition et laissez cuire pendant 15 mn.

Jetez-y alors les Vermicelles et prolongez la cuisson de 2 mn. Au moment de servir, ajoutez la crème fraîche et parsemez de persil ou de cerfeuil haché.

SUGGESTIONS

Pour donner plus d'arôme à vos soupes, vous avez toujours le loisir d'y ajouter oignon, céleri ou blanc de poireau. Vous pouvez également y faire dissoudre une tablette de bouillon de volaille ou encore y ajouter le jus de cuisson d'un rôti que vous aurez fait cuire la veille.

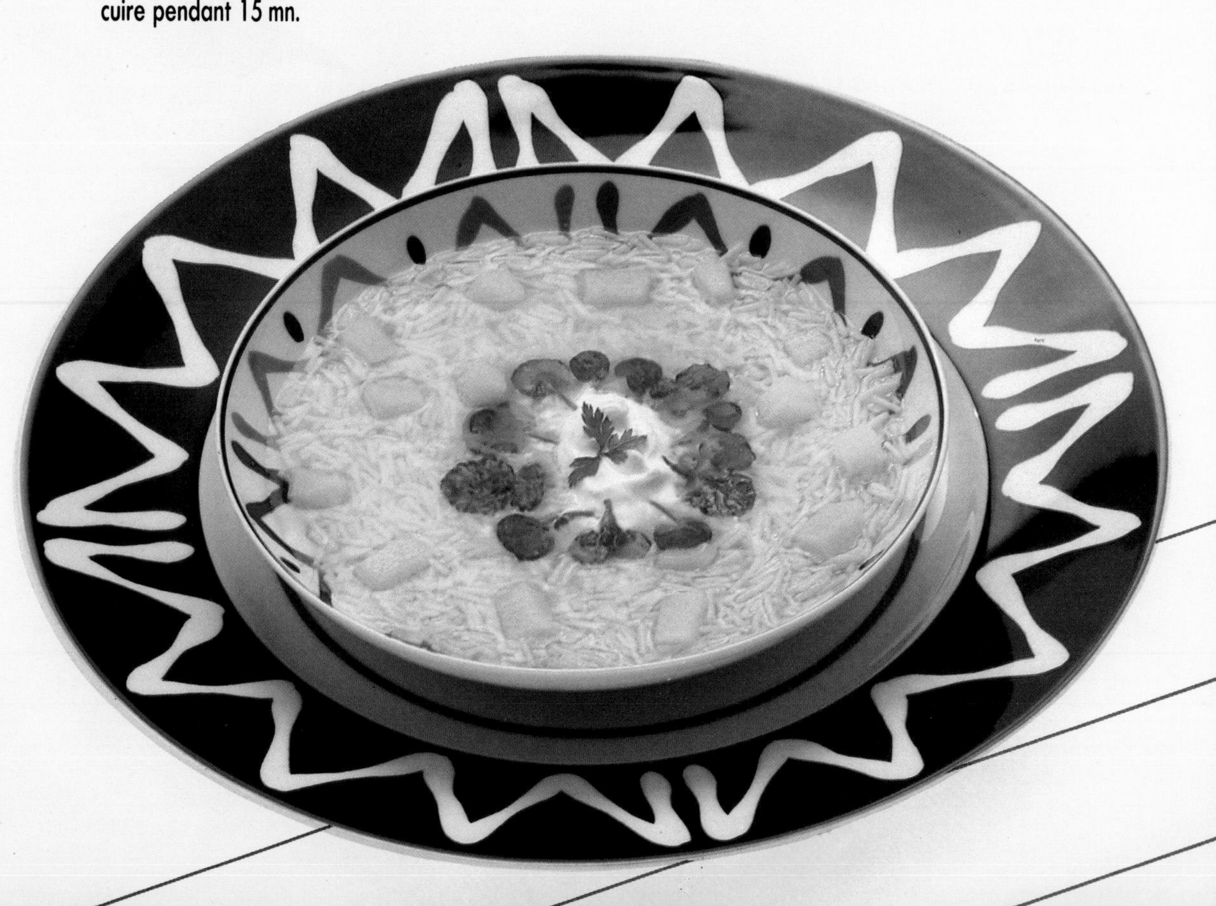

ANTOINE BLONDIN

*" **P**ourquoi j'ai choisi de vous présenter deux recettes potagères ? Parce que la soupe, comme la langue d'Esope, peut être la meilleure et la pire des choses. Tristement banale quand elle fait appel aux sempiternels légumes, elle devient un rare plaisir par la magie des ingrédients et l'originalité de la préparation, comme pour cette recette au pistou et ce velouté de courgettes... "*

Antoine Blondin

PÂTES A POTAGE AU PISTOU

INGRÉDIENTS

Pour 6 personnes. Préparation et cuisson : 20 mn
150 g de Pâtes à Potage
6 tomates moyennes
3 pommes de terre moyennes
5 gousses d'ail
4 cuillères à soupe de feuilles de basilic hachées
6 cuillères à soupe d'huile d'olive (ou de tournesol)
50 g de parmesan râpé (frais si possible)
Sel, poivre

RECETTE

Portez à ébullition 2 litres d'eau salée dans une casserole. Pelez les pommes de terre, coupez-les en petits dés et jetez-les dans l'eau. Plongez les tomates quelques secondes dans l'eau bouillante, puis pelez-les. Ajoutez-les aux pommes de terre. Salez et poivrez.

Passez au mixeur l'ail, le basilic, l'huile et le parmesan.

Après 15 mn de cuisson, passez la soupe au mixeur. Ajoutez les pâtes et prolongez la cuisson de 2 mn. Au moment de servir, incorporez le mélange au basilic.

SUGGESTIONS

Votre soupe gagnera encore en saveur si vous ajoutez en même temps que les pommes de terre quelques poignées de haricots frais écossés.

Vous pouvez remplacer les Pâtes à Potage par des Vermicelles.

VELOUTE DE COURGETTES AUX ALPHABETS

INGRÉDIENTS

Pour 6 personnes. Préparation et cuisson : 20 mn
150 g d'Alphabets
3 courgettes moyennes
1 oignon moyen
1 pomme de terre moyenne
2 cuillères à soupe de persil frais haché
Sel, poivre

RECETTE

Portez à ébullition de l'eau salée dans une casserole. Lavez les courgettes, retirez les extrémités et coupez-les en petits dés. Pelez l'oignon et coupez-le en rondelles. Épluchez la pomme de terre et coupez-la en dés. Jetez les légumes dans l'eau et laissez cuire 15 mn.

Passez alors la soupe au mixeur. Ajoutez ensuite les Alphabets et prolongez la cuisson de 5 mn. Au moment de servir, salez, poivrez, ajoutez une noix de beurre et parsemez de persil (ou de cerfeuil) haché.

SUGGESTIONS

Votre soupe obtiendra un franc succès si des petits croûtons dorés au beurre surnagent entre les Alphabets.

Vous pouvez servir à part du fromage râpé ou en cubes.

ROGER CAREL

" Le monde merveilleux de Walt Disney,
c'est un peu le mien, puisque je prête ma voix
à Mickey et à d'autres personnages
du DISNEY CHANNEL. Voilà pourquoi j'ai choisi
ces deux recettes, qui raviront les petits.
Mais j'imagine aussi bien ces Mickey
et ces Donald servis à la table des « grands »,
histoire d'amuser les convives.
Je le ferai chez moi, et ça tombera
à pic : mes amis m'ont toujours
considéré comme un grand enfant ! "

Roger Carel

MICKEY AUX ŒUFS POCHES

INGRÉDIENTS

Pour 4 personnes. Préparation et cuisson : 15 mn
250 g de Mickey
4 œufs
40 g de beurre
100 g de parmesan râpé (Comté ou Gruyère)
3 cuillères à soupe de vinaigre
Sel, poivre

RECETTE

Faites cuire les pâtes 7 à 8 mn dans l'eau bouillante salée. Faites fondre le beurre dans une petite casserole.

Portez de l'eau à ébullition dans une casserole. Ajoutez le vinaigre. Baissez le feu. Cassez 1 œuf dans un petit bol et faites-le glisser dans l'eau. Procédez ainsi pour les autres œufs. Retournez-les dans l'eau afin que le jaune soit recouvert. Retirez-les avec une écumoire.

Lorsque les pâtes sont cuites, égouttez-les et versez-les dans les assiettes.

Formez un creux au milieu, posez l'œuf mollet, saupoudrez de fromage râpé, arrosez de beurre fondu, salez, poivrez et servez aussitôt.

SUGGESTIONS

Pour mener à bien la cuisson des pâtes, il suffit de les jeter dans une grande quantité d'eau bouillante salée. Ne mettez pas de couvercle et, après les avoir égouttées, incorporez une cuillerée à soupe d'huile. Le temps de cuisson varie selon la grosseur des pâtes et leur quantité. Arrêtez la cuisson lorsqu'elles sont « al dente ».

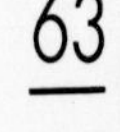

DONALD AU FAR WEST

INGRÉDIENTS

Pour 3-4 personnes. Préparation et cuisson : 15 mn
250 g de Donald
1 gros oignon
50 g de cacahuètes
2 cuillères à soupe de beurre de cacahuète
2 cuillères à soupe de crème fraîche
1 cuillère à soupe d'huile

SUGGESTIONS

Cette recette au goût insolite trouvera des adeptes pour l'apprécier telle quelle. D'autres préféreront l'accompagner de ketchup ou de maïs en grains.

RECETTE

Pelez l'oignon et hachez-le finement. Faites-le revenir doucement dans une cuillère à soupe d'huile.

Faites cuire les Donald pendant 7 mn dans l'eau bouillante salée.

Hachez grossièrement les cacahuètes et ajoutez-les aux oignons. Laissez revenir le mélange pendant 2 mn. Ajoutez alors le beurre de cacahuète et versez 10 cl d'eau. Mélangez bien, puis ajoutez la crème fraîche hors du feu.

Lorsque les pâtes sont cuites, égouttez-les et versez-les dans un plat chaud. Versez la sauce dessus, mélangez et servez.

TABLE DES MATIERES

Avec la collaboration de
Thierry Muller et Olivier Pamela.

Maquette : Theme.

Photographe : Bruno Jay.

Photos artistes :
J. Anaclet (29) ; P. Baril - Interpress (26) ;
Benaroch (62) ; J.-J. Bernier - Gamma (47) ;
J. Casano (8) ; D.R. (3, 5, 14, 17, 50) ;
C. Fister - Gamma (23) ; J. Graf (couverture, 32, 59) ;
J. Huerta de Prada (35) ; M. Marizy (56) ;
A. Meyer - Sipapress (11) ;
N. Quidu - Gamma (couverture, 20, 38, 41, 44, 53).

Remerciements à :
Moulin - Céramique
Céramique - Art de la table
Xanadou - Art de la table
Daniel Hechter - Art de la table
Arcasa - Art de la table
Deshoulières - Art de la table

Photocomposition : C.M.L. - Montrouge
Photogravure : VERNON - Montrouge
Imprimé en France
sur les presses de Maury-Imprimeur S.A. - 45330 Malesherbes
N° d'édition : 2569 - Mars 1989
49.01.0560.01

ISBN : 2.86391.310.7

49.0560.0